LES PIRON

OU

VIES ANECDOTIQUES

D'ALEXIS PIRON,

DE SON PÈRE, AIMÉ PIRON,

ET DE

BERNARD PIRON,

SON NEVEU.

Par M. AUGUSTE DE ***.

IMPRIMERIE

DE HENNUYER ET TURPIN, RUE LEMERCIER, 24,

Batignolles.

1844

VIE ANECDOTIQUE

D'AIMÉ PIRON.

Aimé Piron, apothicaire à Dijon, on ne disait pas encore pharmacien, est né dans cette ville, le premier octobre 1640.

Il est décédé le neuf décembre 1727.

Il avait épousé en secondes noces Anne Dubois, fille de Jean Dubois, célèbre sculpteur, émule de tout ce que la France a produit de plus grand, et qui seul, peut-être, a su joindre à la pureté du dessin de l'antique, la vérité, la vie et le mouvement de la nature.

Aimé Piron eut d'Anne Dubois trois enfants : — Aimé, qui mourut prêtre à l'abbaye de Saint-Lazare, à Beaune ; — Jean, qui lui succéda dans sa pharmacie, et qui laissa aussi trois enfants : deux filles et un garçon, qui fut Bernard Piron[1] ; — et Alexis Piron, l'un de nos premiers poëtes français. Aimé Piron était poëte aussi, et nous pensons même que c'est dans son sang que la verve poétique de toute la famille Piron a pris naissance, ou du moins s'est fait connaître, quoiqu'il ait été, dans la suite, l'un des persécuteurs d'Alexis, qu'il ne voulait pas voir poëte par état, et qui le fut malgré lui.

Pendant plus de quatre-vingts ans, Aimé Piron fut ami de Bernard de La Monnoye, et c'est aux sollicitations réitérées d'Aimé Piron, que l'on doit les Noëls, c'est-à-dire l'ouvrage le plus spirituel (suivant l'auteur du Supplément de Moreri, et suivant Voltaire) qui ait jamais été fait[2].

---

[1] Voyez sa *Vie*, faite par son neveu.

[2] Comme nous ne voulons pas séparer La Monnoye d'Aimé Piron, nous donnerons, du premier, son quatrain sur l'obélisque de Plombières, qui n'a

Quant aux Noëls d'Aimé Piron, quoique moins fins que ceux de La Monnoye, ils pétillaient d'esprit ; ce qui a droit d'étonner, et de causer nos regrets, c'est qu'on n'en trouve presque plus, quoiqu'il en ait fait imprimer régulièrement tous les ans pendant plus de trente ans.

On n'a pu, malgré tous les soins que s'est donnés l'auteur de cette notice, s'en procurer que deux, notamment le fameux noël appelé vulgairement le *Noël du maire de Talant*, et un seul couplet d'un troisième.

De mœurs antiques, franc et joyeux, renommé par ses saillies, d'une vigoureuse constitution, Aimé Piron parvint à quatre-vingt-neuf ans, époque à laquelle il mourut d'une rétention d'urine.

Il était d'une grande probité, qui le fit nommer échevin à Dijon : il fut aussi très-bien vu par le Grand Condé ainsi que par ses descendants, qui tous lui témoignèrent beaucoup d'estime, et l'aimèrent pour la franchise et l'enjouement de son caractère.

Il s'éleva entre lui et Santeuil une lutte à laquelle celui-ci donna lieu par son excessive vanité. Aimé, étant allé lui rendre visite, en fut reçu avec de tels dédains, que voyant son hommage rebuté, il le changea en sarcasmes si vifs et si nombreux, que le chanoine de Saint-Victor eut complétement le dessous ; et, ce qui lui fit le plus de peine, en présence du prince de Condé.

Un jour, Santeuil ayant dit au prince, en voyant Piron s'avancer vers lui : « J'ai l'honneur de vous faire voir le corbeau du Parnasse. — *Eh bé !* répondit Piron dans l'idiome bourgui-

point été donné au public, et que nous possédons manuscrit et signé de lui. Le voici :

In obeliscum Plumberianum.

Munere Gualteri quæ surgit ad æthera moles,
    Aspicis ut nullo stet ruitura die ?
Et quidni staret ? Delphinis quattuor olim,
    Majus in unius fronte recumbet onus.

DE LA MONNOYE.

gnon, *si y en seù le crà, vos en àte le chaiousseri ;* » faisant allusion aux aventures nocturnes de Santeuil et même à son talent.

Mais, ainsi que le dit M. de Juvigny, la table les raccommoda bientôt, et, comme on le sait, Piron employa pour lui, quoique en vain, toutes les ressources de son art, quand des femmes de haut rang , qui jugeaient sans doute Santeuil comme un petit chien , digne de leur procurer un peu d'amusement, lui firent prendre une forte dose de tabac d'Espagne dans de bon vin, et le tuèrent.

Aimé Piron avait un grand esprit de prévoyance ; et voulant connaître à fond le caractère de ses trois fils dans leur jeunesse, il les enivra un jour.

Puis, le lendemain , il parla ainsi à chacun d'eux : « Toi, dit-il à l'aîné, qui s'appelait Aimé comme lui , tu as le vin d'un porc »; parce qu'il s'était endormi aussitôt après avoir bu un peu plus que de raison : « Toi, dit-il à Jean, son second fils, tu as le vin d'un lion »; parce que dès qu'il fut gris, il ne chercha qu'à se battre : « Et toi, dit-il à Alexis, tu as le vin d'un singe » ; parce qu'il avait été très-gai et avait eu une foule de saillies plus plaisantes les unes que les autres et qui l'avaient fort amusé.

Aimé Piron cultiva principalement la poésie bourguignonne, et nous devons remarquer ici, pour ceux auxquels ce langage n'est pas familier ; que l'*h* n'y est jamais aspirée, et que l'on a la faculté d'y faire beaucoup d'hiatus.

Cela nous donne l'explication de ceux que l'on rencontre dans les vers français d'Aimé Piron , soit qu'il les ait mêlés au bourguignon, comme dans *Bontan de retor* ; soit qu'ils se rencontrent seuls, comme dans son épitaphe , pièce manuscrite et inédite.

Tous ses ouvrages sont, au surplus, remplis de gaieté, d'une foule de mots heureux et de pensées fines, qu'il faut peut-être lire plus d'une fois pour les bien saisir ; à raison , sans doute, de ce que l'idiome dans lequel ils sont écrits se perd chaque jour.

Nous allons donner une liste des principaux et de ceux que nous possédons ; nous parlerons très-brièvement ensuite de ceux qui lui sont attribués.

1° L'ébaudisseman dijonnoi su lai naissance du duc de Bregogne ;
2° Joyeusetai su le retor de lai santé du roy ;
3° Phelisbor Eclaforai (en original);
4° Monmélian Tarbòlai (en original);
5° Le compliman dé vaigneron de Vougeo ai monsieu l'abé de Citeà Lolemoitre po son pròçai du fauteuil des Età ;
6° Bonlan de retor, opérar griouche ;
7° Lai requaite de Jaiquemar et de sai fave posainnoi dés hairai ;
8° Lai tròpe gaillade dé vaigneron de Dijon ai son Altesse Sérénissime Monseigneur le Duc ;
9° Lai joie dijonnoise ;
10° L'Évaireman de lai peste ;
11° Les noeis,
12° Rondéà, et autres poésies.

Nous possédons ces douze premiers ouvrages ; voici ceux que nous n'avons pas.

Dijon révigòtai ;
Le Festin des Età ;
Le Chai de Nòvelle ;
Lé Borguignon Contan ;
Lé Hairangon de Dijon ;
Lai Hairangue de Baròsai ;
Guillaume Eucharbòtai ;
Le Privilège égairai ;
Lai Còmédie du bà du bor.

Cette dernière comédie a été envoyée dans le temps à Alexis Piron par son frère Jean, en réponse à une demande que lui faisait Alexis de cette pièce ou de *Bonlan de retor*, et d'autres d'Aimé Piron, par sa lettre du 10 novembre 1770 : il paraît que Jean lui envoya non-seulement *Lai Còmédie du bà du bor*, qui ne s'est pas retrouvée après sa mort, mais plusieurs autres pièces bourguignonnes, parmi lesquelles figurait le *Ron-déà.*

M. de Juvigny, qui ignorait entièrement notre patois, l'a fait imprimer comme étant une œuvre d'Alexis Piron, tandis qu'elle était de son père, et, pour le dire en passant, l'une des pièces les plus spirituelles qui soient sorties de sa plume. Pour que l'on puisse en juger, nous la rapportons ici.

RONDEA.

Maugrai vo dan, Madeléne bigôte,
Aiprè vo pa j'irè tôjor coran,
   Quan je devrò, dan lai made et lai crôte,
Depeù lé piè me forrai jeùqu'è dan.
Je ne seù pas home qui se dègôte,
Charchissein-vo lè caivarne et lè grôte
Po vo caiché; san gâtre ni san bôte
Je vo seugrò tôt au traiyar dè chan,
      Maugrai vo dan.
Poul, à-ce ansin qu'ai fait qu'on érigôte
Lé brave gen qui vo fon compliman ?
Ma foi tô fran, vo n'i antandé gôte;
Ma ç'à bé moi qui seù ein ignôçan,
Pranture que vo faite lai cagôte,
      Maugrai vo dan.

Ceci doit nous faire connaître le cas que faisait Alexis Piron de *Bontan de retor*, puisque cette pièce était demandée par lui.

Voici maintenant les ouvrages attribués à Aimé Piron.

Quoiqu'ils portent plus ou moins l'empreinte de sa manière, quoiqu'il s'y trouve même des idées et des vers qui ne paraissent avoir été faits que par lui, quoique enfin la coupe des vers et même la versification entière paraissent identiques avec les siens, comme amateur du vrai, nous avons dû dire que nous n'avions pas de preuves positives que ces ouvrages fussent de Piron.

Dijon en joye ;
Le Compliman de lai populaice, ai lai Sérénissime Altaisse de
   Monseigneur le Duc ;

Laigade dijonnoise ;

Hairangue dè vaigneron de Dijon ai son Altesse Sérénissime
  Monseigneur le Duc ;

Discor joyou ;

Mônôlôgue borguignon por ètre prônonçai devant son Altesse
  Sérénissime Monseigneur le Duc.

Voilà tout ce que nous avons pu savoir de certain sur les ouvrages d'Aimé Piron.

Quant à ses Noëls. ou Noëis, nous n'avons, comme nous l'a-
vons déjà dit, pu en recouvrer que deux , et un seul couplet
d'un troisième.

On nous a dit que le Noël où il est parlé *du grò Tallebô , don
léclô dé Saïbô, peuvein evaillai le petio,* était de lui. Quoique
nous n'en ayons aucune preuve positive, nous l'avons mis au
rang de ses productions.

C'est une bonne fortune pour l'auteur , si Piron ne l'est pas
lui-même.

Il existe plusieurs écrits de la main d'Aimé Piron, parmi lesquels se trouve l'ode sur le jugement dernier, qui lui avait été
envoyée par son fils Alexis, avec lequel il était raccommodé , et
dont il se glorifiait alors.

Depuis, Alexis Piron a refondu cette ode, et elle a été impri-
mée dans ses œuvres complètes, données par M. Rigoley de Juvigny en 9 volumes.

On pourra les comparer, et décider s'il n'y a pas, au travers
des incorrections rectifiées par l'auteur même, plus de feu dans
la première que dans la seconde.

Nous avons aussi d'Aimé Piron , également manuscrit , un
traité des maladies de la vessie.

Enfin , Aimé Piron est un homme qui est mort avec la réputation bien méritée d'un esprit supérieur, d'une probité in-
tacte, et en léguant un génie puissant à la postérité , l'auteur
de la *Métromanie.*

Aimé Piron fit lui-même son épitaphe , pièce qui , comme
nous l'avons déjà dit, n'a jamais été connue. Elle est en fran-

çais ; le titre seulement est en patois, car elle est intitulée *Épitaife*. Elle contient un heureux mélange de gaieté et de profonde philosophie. La voici avec son orthographe ·

ÉPITAIFE.

Ici repose Aimé Piron,
Étendu, couché de son long
Jusqu'à la terrible journée,
Par le divin pasteur prônée,
Où jeunes, vieux, petits et grands
Séront jugés en même temps.
Quand sera-t-elle ? hélas ! peut-être
Est-elle à la veille de naistre !
Nous la touchons du bout du doigt :
C'est pourquoi, passants, croyez-moi,
Ne sachant ni le jour, ni l'heure
De votre dernière demeure,
Fuïés du démon les filets,
Veillés, priés, tenés vous prests.
C'est à quoi ce mort vous invite ;
Puis enfin d'un peu d'eau bénite
Rafraichissés-le s'il vous plaît ;
Afin qu'autant vous en soit fait
Quand ainsi que lui, chose sûre,
Des vers vous serés la pâture,
Poudre, cendre, en un seul mot rien :
Il faut mourir ; pensés-y bien.

D'ALEXIS PIRON.

La vie d'un auteur est dans ses écrits, a dit Voltaire ; nous suivrons exactement cette maxime dans cette vie anecdotique de Piron.

Tout le monde connaît, en effet, la généralité de la vie de notre auteur, surtout par celle qu'a donnée M. de Juvigny, à la tête de ses œuvres, et par la préface un peu longue qu'Alexis Piron a mise lui-même au-devant de la plus belle de ses pièces ; mais on ne connaît pas les anecdotes dont elle a été semée, ni sa généalogie, et tout le monde croit encore que Mme Capron fut sa nièce, elle qui *ne l'a jamais été, ni pu l'être.*

Alexis Piron l'écrit lui-même à son frère, à qui il ne pouvait cacher la vérité, quelque surnom qu'il lui eût déjà donné, ou qu'il lui donnât par la suite.

Voilà ce qui est neuf et vrai, voilà ce que nous nous sommes proposé de donner au public ; et l'auteur de cet ouvrage, plus que tout autre, peut prétendre à connaître ces anecdotes, étant le descendant direct d'Aimé Piron et le neveu d'Alexis.

Piron est à coup sûr le premier poëte de la Bourgogne et l'un des premiers de la France, car il a fait *la Métromanie.*

Cette pièce se place sur la même ligne que *le Tartufe* et *le Misanthrope*, ces chefs-d'œuvre de l'esprit humain, quoique mieux écrite, parce que le sujet l'exigeait, et qu'elle a été faite d'ailleurs un siècle plus tard.

Il est supérieur à l'auteur de *Rhadamiste ;* car cette pièce ne vaut cependant aucune de celles de Corneille ou de Racine.

Il a fait plusieurs choses remarquables dans différents genres, dans la comédie, la tragédie, les contes et surtout les épigrammes.

Mais le premier de ses titres à l'immortalité, et le seul peut-être, est, comme nous l'avons dit, *la Métromanie*.

Quoique Piron, devenu vieux, ait paru n'en pas dire tout le bien qu'il en pensait, néanmoins il était toujours flatté en secret des éloges qu'elle lui attirait, et, s'il semblait lui préférer *Gustave Vasa*, cela ne pouvait marquer, de sa part, que l'envie qu'il avait d'être le premier dans une partie pour laquelle il était médiocrement fait, et celle de l'emporter sur Voltaire, qui y primait dans ce temps-là.

Ses lettres prouvent aussi qu'il avait infiniment d'esprit ; mais elles démontrent en même temps, et malgré toute la gaieté dont il a cherché à s'environner, qu'il était trop personnel, et que c'était le moment présent qui déterminait sa reconnaissance. Combien de temps n'a-t-il pas entretenu son frère dans une erreur qui lui était utile! On a raison de le dire, c'est *seulement* dans les affaires particulières que l'on connaît les hommes : combien y en a-t-il aussi qui lui ressemblent en ce point, et qui n'ont pas son génie !

On ne lui contestera sans doute pas d'être, parmi les modernes, l'homme qui a eu le plus d'esprit de repartie et d'à-propos, et tellement, qu'il était impossible de rien répliquer à ses saillies.

On en jugera, au reste, par les ripostes que nous allons rapporter.

Beaucoup de ses bons mots sont perdus, et surtout le grand nombre de ceux qu'il a dits faisant partie de la société du Caveau, dont il était devenu le coryphée.

Nous ne redirons que ceux que l'on peut regarder comme authentiques.

Alexis Piron est né à Dijon, le 6 juillet 1689, d'Aimé Piron, poëte et apothicaire en cette ville, et de D^{lle} Anne Dubois, fille unique du célèbre Jean Dubois, sculpteur, dont Dijon se glorifie à juste titre de posséder actuellement les plus beaux ouvrages.

Il montra dès son enfance un esprit vif, subtil et original.

Il eut deux frères seulement : Aimé, qui s'appelait comme son père, et Jean.

Le premier, qui était l'aîné, mourut aux Pères de l'Oratoire, à Beaune, en odeur de sainteté. *C'était une... bête*, à ce qu'a dit fort lestement Piron, dans sa scène avec le commissaire Lafosse.

Le second était un homme d'esprit, qui avait des connaissances variées en littérature, en peinture, etc., auquel Alexis envoya, d'après sa demande, les gravures de Sadeler sur la Bible, que possède encore l'auteur de cette présente notice.

Voici, pour que l'on ne doute pas de ce que l'on va dire, la généalogie de la famille Piron, et la seule qui soit vraie.

Aimé Piron, apothicaire à Dijon, eut d'Anne Dubois, fille unique de Jean Dubois, trois enfants :

Aimé, Jean et Alexis.

Aimé est mort prêtre à l'Oratoire, à Beaune.

Alexis n'a jamais eu d'enfants.

Et Jean a été le seul qui en ait laissé trois : deux filles et un garçon.

L'aînée, Bénigne Piron, a été mariée à M. Louis Mazières, marchand de fer à Dijon.

L'autre a épousé M. Maufoux, qui a été apothicaire après Jean Piron, et qui a laissé une fille, laquelle s'est mariée à M. Bounder, et est morte *peu de temps* après.

Bernard Piron, le seul fils que Jean ait eu, est mort poëte et sans enfants, à Dijon, le 9 mai 1812, à l'âge de 96 ans.

Bénigne Piron a laissé une fille, Marie Mazières, qui a épousé M. Joseph Taviel, seigneur de Mastaing, dont elle a eu deux enfants. L'auteur de la présente généalogie en est un.

Quant à M. Bounder, il a laissé un fils qui, après avoir été apothicaire comme son père, et malgré tout ce que l'on a pu dire et même imprimer, a fini par se faire médecin, profession qu'il exerce maintenant, comme dit Molière.

On voit, par cette généalogie, que la dame Capron *n'était pas*, et *ne pouvait pas* être *la nièce* d'Alexis ; aussi l'appellet-il seulement *sa petite cousine Soisson*, comme on peut le voir dans les lettres qu'il a adressées à son frère, et notamment dans celle du 18 avril 1752.

Elle l'était, je crois, au douzième degré, et elle lui avait été envoyée par son frère, qui la déterra à la campagne, dans un état tel qu'elle n'eut rien de mieux à faire que de se rendre auprès de Piron, après le refus fait par les deux filles de Jean, d'aller joindre leur oncle à Paris.

Nous reviendrons plus tard sur la demoiselle Soisson.

Aimé Piron enivra un jour ses enfants, et ensuite il leur fit sur leur caractère des prédictions qui se sont toutes réalisées.

Elles étaient faites en patois bourguignon ; c'était le langage habituel à Dijon, même du temps du président Bouhier, qui était de l'Académie française, mais chez lequel on le parlait ordinairement.

Alexis, étant encore très-petit et très-jeune, fut choisi, attendu que son père était échevin, pour figurer à la procession de la Sainte-Hostie [1] : il y portait une croix. Une grande pluie survint à l'improviste ; Piron, étant mouillé et voyant tout le clergé éloigné pour se mettre à l'abri, jeta au milieu du ruisseau la croix qu'il tenait, en disant : « Tiens, puisque tu as fait la sauce, bois-la ! »

Lorsqu'il était jeune homme, il fut surpris par un de ses amis, après une orgie qui, lui ayant fait passer la nuit, le mettait hors d'état de rentrer chez lui. Il s'était donc arrêté près d'un puits, et il y restituait ce qu'il avait pris de trop [2]. Son ami qui le vit faire, se récria. « Paix, paix, mon ami, lui dit Piron, ne dis rien ; je fais de la piquette [3] pour tout le quartier. »

---

[1] C'était la procession d'une hostie miraculeuse, qui attirait beaucoup d'étrangers à Dijon. Elle a été brûlée pendant la révolution. (Voyez son histoire, in-12, chez Sirot, 1739, Dijon.)

[2] Dans la rue Poulaillerie, qui porte maintenant le nom de Piron. Cela lui fait beaucoup de bien, plus d'un siècle après sa mort !......

[3] *Piquette* est une espèce de vin que l'on fait en Bourgogne, qui a la couleur

Il fut contrarié dans son goût pour la poésie, ce qui n'est pas étonnant, puisque son père était poëte; mais cela ne servit, comme c'est l'ordinaire, qu'à l'y affermir davantage.

Un jour, sa dispute habituelle avec Aimé, sur l'état que devait embrasser un jeune homme, avait été tellement vive, que Piron fut obligé de se sauver. Son père le poursuivait; il enfila l'escalier, et son père le poursuivant toujours, Piron descendit quatre marches, ensuite il lui cria : « Halte-là! mon père ; vous savez qu'après le quatrième degré l'on n'est plus rien. » Cela fit rire le père et mit fin à la contestation.

Un autre jour Piron soutenait à son père qu'il pouvait parvenir, puisque Racine était parvenu ; le père prétendait le contraire. Piron, qui sentait ses forces, termina la dispute par ces mots remarquables : « Pourquoi n'arriverais-je pas ? un gardeur de cochons a bien été pape (Sixte-Quint) ! »

Comme tous les hommes de génie, qui ne *peuvent* pas être compris par ceux *qui n'en ont pas*, il eut beaucoup d'ennemis ; et combien pourraient écrire comme lui ce qu'il écrivait à l'abbé Mallogé, son ami (*Année littéraire*, 1774) :

> Cher abbé, j'ai des ennemis,
> En si grand nombre *et si petits*
> Que je n'en puis tirer vengeance.

Et ces ennemis arrêtèrent pendant un temps l'auteur de *la Métromanie*, et lui en firent perdre un qu'il eût employé, à coup sûr, plus utilement, car ils sont maintenant morts *tout entiers*, et tout ce qu'ils lui ont fait est inutile.

Cela vous arrivera aussi à vous tous qui cherchez à nuire à qui ne vous fait rien, et encore, parce qu'il ne le veut pas.

Se promenant avec un chartreux qui lui montrait les monuments précieux que contenait son église (détruite pendant la révolution), ce religieux s'arrêta, et pour lui faire sentir à quoi se réduisaient toutes les vanités du monde : « Eh bien! monsieur Piron , lui demanda-t-il , que sont devenus tous ces

plus faible que le vin ordinaire, qui est habituellement composée d'eau, de raisins ou de marc, que l'on appelle *gène*, et même de verjus.

grands hommes? — Ils sont ..., père gardien ; ils sont...,»
répondit Piron.

Ce mot est devenu proverbe.

On dit qu'une des épigrammes qui monta le plus les Beaunois contre Piron , fut celle-ci : il fut remarqué, à Beaune, al-
longeant le point qui était mis sur l'inscription latine qui suit,
de manière à en faire un accent grave. Elle signifiait alors : ICI,
ce pont fut fait, l'an, etc., etc. , etc., etc. Voici l'inscription
latine :

Hic pons factus est, anno, etc., etc., etc.

On dit aussi qu'étant à Beaune, il chassa devant lui un âne
tout harnaché, en lui disant : « Au pas, chevalier. » Qu'un de
ses amis, le voyant se donner une grande peine pour abattre
tous les chardons qu'il rencontrait, lui en demanda le motif, et
que Piron répondit : « Je prends les Beaunois par famine, »
etc., etc., etc. On verra tous ces bons mots et d'autres encore
rapportés par M. Rigoley de Juvigny.

Piron , apprenant l'incendie de l'hospice du Saint-Esprit, à
Besançon , s'écria : « Voilà une famille bien malheureuse ; le
père est si vieux, si vieux, qu'il ne peut plus rien faire ; le fils a
été pendu, et voilà le Saint-Esprit qui est brûlé ! »

Lorsque Piron était depuis peu de temps à Paris, il y dit un
mot très-renommé depuis. Mais laissons parler M. Bret sur *le
Tartufe*, tome IV, page 266.

« La première comédie que vit à Paris le célèbre M. Piron,
« ce fut *l'Imposteur* ; son admiration allait jusqu'à l'extase. A
« la fin de la pièce, ses transports de joie augmentant encore,
« ses voisins lui en demandèrent les motifs : « Ah ! messieurs,
« s'écria-t-il avec cette naïveté de génie qu'il a quelquefois eue
« si heureusement, ah ! messieurs..., si cet ouvrage sublime
« n'était pas fait, il ne se ferait jamais. »

On rapporte que pendant la représentation il répétait :
« Ah ! quel bonheur ! » ce qui engagea ses voisins à lui de-
mander quel était donc le bonheur dont il voulait parler, et que

Piron répondit alors : « Ah ! messieurs, ne voyez-vous donc pas que si cet ouvrage sublime n'était pas fait, il ne se ferait jamais ? »

Ce mot est un des jugements les plus justes qui aient été portés sur *Le Tartufe*. Il est là pour ceux qui n'en sentiront pas toute la profondeur, et même pour ceux qui croiront la sentir.

Une autre fois, voulant connaître le spectacle, et ayant la vue très-courte, il demanda à un passant ce que l'on jouait : « C'est *O Édipe*, lui répondit-on en détachant les voyelles. — Ah ! o u i, monsieur, je vous remercie, répondit-il en les détachant de même. »

Il y en a qui veulent que Piron ait répondu : « Eh ! Ah ! o u i, monsieur, je vous remercie. »

Nous pensons qu'il y a trop de recherche dans cette réponse, et qu'elle n'a pour objet que de faire parcourir les cinq voyelles. Au reste, cela pouvait entrer dans l'esprit très-présent de Piron, afin de mieux faire sentir toute la causticité de sa réponse.

Un matin, il fut rencontré, à Paris, le jour du Vendredi-Saint, par Mme la marquise de Mimeure, qui le protégeait. La veille, Piron avait fait avec ses amis une séance prolongée au Caveau, d'où il sortait à l'instant, les jambes un peu avinées, ce dont s'aperçut Mme de Mimeure : « Ah ! monsieur Piron, lui dit-elle, pouvez-vous bien, un jour comme aujourd'hui, vous mettre dans un état pareil ? — Madame, répondit Piron qui n'avait rien perdu de son esprit : le jour que la Divinité succombé, l'humanité peut bien chanceler. »

C'est là une des plus belles réponses qu'il ait jamais faites.

On connaît les mauvais services que lui rendit Voltaire, par pure méchanceté, auprès de Mme de Mimeure, en lui lisant, malgré elle, la fameuse ode, et cela dans le temps où Piron avait le plus besoin de sa protection. C'est là, sans doute, une des causes de sa juste haine contre Voltaire, indépendamment du genre que celui-ci affectait, et qui semblait trop brillanté à Piron, lui qui avait été élevé avec les chefs-d'œuvre de Corneille et de Ra-

cine ; haine qui ne parut cependant que par des bons mots, qui,
à la vérité, sont presque tous restés.

Parmi ceux qui ne sont pas perdus, voici les plus avérés.

Il disait en riant :

   « Voltaire a de l'esprit ; mais, mais, mais, mais, mais, mais ;
   Les mais à son égard ne finiraient jamais. »

Voltaire venait de faire jouer une de ses pièces, qui n'avait
pas été accompagnée par le bruit des sifflets, et, trouvant Piron au foyer du théâtre : « Eh bien ! monsieur, lui dit-il avec
un air de triomphe , vous disiez pourtant que ma pièce serait
sifflée ? — Siffle-t-on quand on bâille ? » lui répondit Piron.

Un autre jour, Voltaire, qui craignait le jugement de Piron,
lui demanda à voix basse ce qu'il pensait de la tragédie qu'il
venait de donner au public. « Je pense , lui répondit-il , que
vous voudriez bien que je l'eusse faite. »

Il est impossible de mieux faire sentir la haine que lui portait Voltaire et les défauts de la pièce de celui-ci.

On a ajouté depuis, pour Voltaire , qui manquait surtout de
l'esprit d'à-propos, qu'il avait répondu : « Je suis assez de vos
amis pour cela » ; ce qui est entièrement faux ; parce que Voltaire se serait infailliblement attiré de Piron une riposte très-
vive, et l'on ne dit pas qu'il en ait fait aucune, ce qui serait la
seule fois de sa vie ; enfin, que cette réponse de Voltaire aurait
été une sottise , puisque sa pièce ne valait rien, et qu'il le sa-
vait très-bien.

Voltaire ayant promis de ne lui parler qu'en vers, Piron crut
qu'il ne devait lui répondre que de la même manière, de sorte
que , se rencontrant de grand matin sur la place de Grève,
Voltaire, qui avait vu venir Piron, lui dit :

   Vers ces lieux empestés que l'univers abhorre,
   Qui vous conduit sitôt, au lever de l'aurore ?

Il lui fut à l'instant répondu :

   Prenez garde qu'un jour votre esprit sans pareil
   Ne vous y mène, en pompe, au coucher du soleil.

Au coucher du soleil, on pendait.

Une bonne pièce de Voltaire tomba à la première représentation, malgré les justes prévisions de Piron : « Eh bien ! monsieur Piron, lui dit Voltaire d'un air chagrin, vous m'aviez prédit qu'elle serait bien accueillie ; elle est cependant... — Laissez donc, répondit Piron, elle n'en mourra pas ; elle a le sort de toutes les belles. »

Ce mot prouve que Piron était juste., même envers son ennemi.

Piron avait rendu visite à Voltaire, qui voulut la lui rendre à son tour, et, ne le trouvant pas chez lui, écrivit, par forme de facétie, au-dessus de sa porte : j...f.....

Quelque temps après, le rencontrant chez Mme de Mimeure, et voyant qu'il ne lui parlait de rien, il lui dit : « J'ai été vous rendre ma visite, vous l'a-t-on appris ? — Je l'ai vu, répondit Piron ; vous avez écrit votre nom à ma porte. »

Il disait de Voltaire qui, aussitôt qu'il avait la plus légère maladie, ne commettait plus d'impiétés, mais recourait, au contraire, à tout ce qu'il croyait pouvoir le sauver : « Il est sans caractère, il craint la grillade comme un dindon. »

On disait à Voltaire : « Pourquoi avez-vous toujours le dessous dans la conversation avec Piron, et vous laissez-vous tuer par lui ? — Eh ! que voulez-vous que je fasse, répondit-il, avec un diable d'homme qui a toujours son esprit au bout de ses doigts ? »

Piron aimait beaucoup le patois bourguignon, et il citait souvent les bons mots de son père, fameux dans ce genre d'escrime ; il demanda même à Jean Piron, son frère, l'une des pièces qu'il avait faites, et il lui cita *Lai Cômèdie du bà du Bor*, ou *Bontan de retor*. Son frère lui envoya la première, qui a été perdue depuis, n'en ayant pu trouver aucune trace, quelques soins que l'on se soit donnés.

Il paraît qu'Alexis eut toujours une dent ou un motif de mécontentement contre son frère, parce qu'ayant demandé l'une des filles de celui-ci, que l'on disait très-jolie, Jean refusa de la lui envoyer, et qu'Alexis pensa que son frère avait conseillé ou au moins approuvé le refus de ses filles.

C'est alors qu'il le pria de lui chercher au moins quelqu'un de la famille pour remplacer, par ses soins auprès de lui, l'épouse qu'il avait perdue, et que celui-ci lui trouva la petite Soisson, comme l'appelle le poëte, qu'il décora ensuite du nom de sa nièce ; *quoiqu'elle ne le fût pas*, ni *ne pût l'être*, ainsi que cela est démontré par la généalogie de Piron. Peut-être ce motif a-t-il influé sur la donation qu'il lui fit de toute sa succession qui était considérable, malgré la lettre qu'il écrivit à son frère à cet égard, et est-il un de ceux auxquels Bernard Piron, son propre neveu, dut son exclusion totale, malgré la générosité de son père, vantée par Alexis dans les lettres autographes qui sont en notre pouvoir, et dans lesquelles il dit même à son frère d'espérer.

On désirerait que Bernard Piron ne se fût pas montré aussi sensible à cette exhérédation, et qu'il n'eût pas publié l'épitaphe sanglante qu'il fit pour son oncle. Voyez la *Vie de Bernard Piron,* page 31.

Il y a peu de choses plus plaisantes, du reste, que la peinture qu'Alexis trace à son frère de l'arrivée, par le coche, de la petite cousine.

Son jupon de calemande rayée, son corset de droguet, ses sabots, son air de paysanne, et le reste ; car rien n'y manque. Tout cela fait sous sa plume un effet merveilleux.

On raconte que Piron étant examiné, au spectacle, par une dame très-galante, on l'en fit apercevoir, et il l'examina à son tour. Elle s'en formalisa : « Eh bien ! monsieur, lui dit-elle, m'avez-vous assez considérée ?

«Madame, je vous regarde, mais je ne vous considère point », répondit-il avec une politesse exquise.

On veut que ces vers impromptus,

> Vous qui, du haut de ce balcon,
> Osez rire de ma misère, etc.

Et que ceux-ci,

> Ci-gît, derrière cette porte,
> Une c..... qui n'est pas morte,

soient deux saillies, l'une, d'un poëte mouillé et mécontent, l'autre, d'un homme que l'on a fait entrer dans un jeu lorsqu'il ne le voulait pas.

Ce sont ces vers, que nous blâmons, qui lui ont fait donner la réputation d'un auteur licencieux ; et cependant, combien de gens le lisent en secret, en font autant qu'il en a dit, et dont on ne parle pas !

C'est qu'ils couvrent le tout du voile de l'hypocrisie ; tandis que Piron ne le voulait pas ; qu'il avait de l'esprit, et que c'est là la malheureuse source de la haine de beaucoup de gens, comme si cette haine pouvait leur donner ce qu'ils n'auront jamais !

Il fut un jour interrogé par une très-jeune fille, qui lui avait été envoyée par des dames faisant partie de la société dans laquelle il se trouvait, sur ce que c'était qu'un pucelage :

« Ma bonne amie, répondit-il, c'est un charmant petit oiseau, qui s'envole aussitôt que la queue lui vient. »

On ne peut rien concevoir de plus spirituel, comme rien qui soit plus juste.

« Ne me parlez pas de *la Métromanie*, c'est une marâtre qui a dévoré tous mes autres enfants », disait-il, lorsqu'on lui en faisait l'éloge.

Il devait ajouter, pour être juste : « Mais c'est mon seul brevet pour l'immortalité. »

Il paraît que Piron, malgré tout son esprit, ne put se défendre de l'amour que les pères et mères ont pour leurs enfants estropiés ou malades.

« Cependant, monsieur, lui disaient les Comédiens français qui voulaient obtenir quelques corrections de lui, M. de Voltaire change bien ses pièces sur nos observations ?

— Oh ! cela est bien différent, répondit Piron ; Voltaire travaille en marquetterie, et moi je jette en bronze. »

S'il pensait en cet instant, ce dont je doute, à *la Métromanie*, il avait raison ; car il n'est pas une seule pièce de Voltaire qui puisse la valoir.

Il disait encore aux comédiens : « Une trempe vigoureuse ne

vous convient pas ; c'est un vol terre à terre qu'il vous faut. (*Un Voltaire à terre :* parce qu'on avait sifflé beaucoup de mauvaises pièces de ce poëte.)

Un de ses compatriotes lui demandant ce qu'il pensait de l'esprit du grand Rameau (comme il l'appelle lui-même) : « Quand il ne parle point musique, répondit-il, ce n'est plus qu'un long tuyau d'orgues, séparé du souffleur. »

Se trouvant avec M. Languet, curé de Saint-Sulpice, le curé, qui était Bourguignon et malin, lui dit : « Est-ce que vous êtes le fils de ce M. Piron qui avait les bras si longs, si longs ? — Ah ! monsieur, répondit Piron, que vos mains n'étaient-elles au bout ! nous aurions fait une bonne maison. »

M. Languet avait la réputation de prendre tout ce qu'il pouvait, pour les besoins de son église, disait-il.

« Mais, c'est étonnant, ajouta M. Languet, que vous demeuriez sur ma paroisse, et que je ne vous aie jamais vu ? — Non, monsieur, cela n'est pas étonnant, repartit Piron ; cela prouve seulement que vous connaissez mieux le compte de vos vaches que celui de vos brebis. »

M. Languet avait établi des vaches au Saint-Esprit, dont il surveillait très-exactement le produit.

On prétend que, depuis ce moment, M. Languet ne s'attaqua plus à un aussi rude jouteur.

Se trouvant à Paris à un grand repas donné pendant le carême avec l'archevêque, et y mangeant des œufs, monseigneur l'interpella par ces mots : « Vous mangez des œufs, monsieur Piron ; avez-vous lu mon mandement ? — Non, monseigneur, et vous ? » répondit-il.

Le jour de la représentation de *la Métromanie*, Piron vint au café Procope, où il allait tous les jours, mais mis avec une élégance inusitée, et fut aussitôt entouré par ses amis, qui lui firent leur compliment. L'abbé Desfontaines, qui ne l'aimait pas, s'approcha et dit, en soulevant dédaigneusemeut une des basques de son habit : « Quel habit, pour un tel homme ! » Piron, soulevant sur-le-champ un des coins de celui de l'abbé, lui répondit : « Quel homme, pour un tel habit ! »

L'abbé fut ainsi payé de son attaque.

Piron était très-vieux et presque aveugle, quand sa petite cousine qui le menait promener, s'apercevant de quelque chose, parce que dans ce temps-là on portait des culottes à brayette, lui dit : « Mon oncle, cachez donc votre histoire ? — Il y a long-temps, répondit-il, que cette histoire n'est plus qu'une fable. »

Tout le monde connaît son voyage à Beaune [1] et son aventure avec le commissaire La Fosse ; nous croyons donc inutile d'en parler. Mais nous allons raconter l'histoire de son exclusion de l'Académie française, parce que nous croyons pouvoir donner des détails vrais, et faire quelques réflexions utiles.

Pour la vérité des détails, nous pensons ne pouvoir mieux faire que de renvoyer à la lettre du 17 août 1753, où Piron les raconte lui-même à son frère, *afin qu'il n'en puisse avoir de plus fidèles*, dit-il.

Quant aux réflexions, elles se présentent en foule ; nous allons essayer d'en retracer quelques-unes.

M. de Fontenelle, âgé de près de cent ans, termina par ce dilemme la discussion qui eut lieu en pleine académie, à l'occasion de la fameuse ode, qui fut le motif ostensible de l'exclusion : « Si M. Piron ne l'a pas faite, il faut le renvoyer ; s'il l'a faite, on doit bien le gronder ; mais il faut le recevoir. »

La postérité a ratifié son jugement, et a dit que Fontenelle seul avait plus de sens et d'esprit que tous les académiciens qui s'opposaient à sa réception.

Il y a en effet dans cette ode, qui est d'une licence qui passe toute mesure, autant de génie et de feu que dans les plus belles pièces de nos premiers poëtes.

Cette postérité a couvert et couvre encore tous les jours de mépris (quand par hasard on prononce leur nom), les fauteurs de ces intrigues ténébreuses, ainsi que l'Académie qui, par suite d'un prétexte frivole, ne compta point parmi ses membres un homme qui ne pouvait que lui faire honneur, puisqu'il était

---

[1] Voyez le *Voyage de Piron à Beaune*, édition de 1831, faite par M. Bru-gnot.

l'auteur de *la Métromanie*, la pièce la meilleure, la plus célèbre de son siècle, et la seule que l'on puisse appareiller au *Tartufe* et au *Misanthrope*, ces chefs-d'œuvre de l'esprit humain.

Louis XV, dit-on, fâché d'avoir à refuser Piron, à raison de ce que son affaire s'était ébruitée, obligea, malgré ses excuses, l'évêque de Mirepoix à lui lire, à l'un de ses soupers, l'ode qu'il feignit de ne pas connaître, et rit ensuite beaucoup de cette petite vengeance avec ses intimes.

Ce qui le ferait penser, c'est que l'on sait que Louis XV était loin d'être rigide pour les mœurs, qu'il avait créé le Parc aux Cerfs, et qu'il fit au poëte une pension de mille francs sur sa cassette quelques jours après.

C'est à l'occasion de cette pension, dont Piron annonça la première nouvelle à son frère par sa lettre du 17 août 1753, qu'il dit :

« La crosse m'a mis bas, le sceptre me relève. »

C'est ce qu'il appelle encore, dans ses lettres : « avoir reçu un soufflet sur une joue et un baiser sur l'autre », comme il le dit lors de l'accueil que fit le public à ses *Courses de Tempé*, et à une assez mauvaise comédie qu'il donna en même temps, intitulée l'*Amant mystérieux*.

Piron, surtout depuis ce temps, outré de voir l'Académie en corps s'élever contre lui, par suite de petites menées et d'esprit de bigotisme, ne cessa de la poursuivre de ses épigrammes, toujours redoutables ; et il lui a plus fait de mal, à lui seul, que tous les autres auteurs ensemble.

Entre une grande quantité, nous choisirons les suivantes :

Passant un jour, en se promenant avec un de ses amis, devant l'Académie : « Eh bien, lui dit-il, ils sont pourtant là-dedans quarante, qui ont de l'esprit comme quatre ! »

Ce qu'il répète dans ses lettres à son frère en d'autres termes.

Son épitaphe, réduite à deux vers, en est encore une preuve, qui court le monde :

Ci-gît Piron, qui ne fut rien,
Pas même Académicien.

Il faut convenir que le *pas même*, surtout de la part du père de *la Métromanie*, est ce que l'on a dit de plus fort contre les académiciens.

Au surplus, si Piron n'était pas de l'Académie, il devait s'en glorifier; car il avait encore cela de commun avec le plus grand génie que la France ait produit.

Il semble, en effet, que ce soit une fatalité qui se tienne attachée à sa porte.

Il nous suffit de citer Molière pour prouver notre assertion; nous y ajouterons cependant Regnard, Dufresny, Brueys et Palaprat, Le Sage, Autereau, Joly, Delisle, Fagan, Saint-Foix, Collé, Montfleuri, Dancour, Legrand, puis le nom de Piron, etc., etc., etc., tandis que des auteurs de tragédies absolument oubliées, tels que celui des *Tyndarides*, y sont inscrits, dit M. Bret. (Voir le *Supplément à la Vie de Molière* avec le docte commentaire de M. Bret, tome I, page 66, édition de 1804.)

Nous ne pouvons cependant partager son courroux constant contre ce corps, qui comptait parmi ses membres des exceptions honorables; il devait se rappeler, enfin, que cette place était une place comme une autre, que *la brigue*, sur cent nominations qui sont faites aveuglément par le pouvoir, l'emporte de beaucoup sur le génie, qui dédaigne d'en faire usage, et que si les places étaient toujours données au vrai mérite, l'on ne verrait pas certaines personnes qui en sont indignes, les posséder, comme cela sera dans tous les temps.

Piron était franc et sincère surtout, envers les étrangers; un peu trop personnel; mais comme nous l'avons déjà dit, sa malice s'exhalait seulement en bons mots, il n'avait pas de rancune, et l'on ne peut citer aucune autre vengeance de sa part.

Tout le monde connaît le chagrin qu'il montra, en courant çà et là par sa chambre et en répétant à plusieurs reprises : « Le pauvre homme ! c'était le plus bel esprit de son temps », lorsqu'on lui annonça la fausse nouvelle de la mort de Voltaire, d'un caractère haineux et véritablement son ennemi ; car Voltaire l'était de tous ceux qui ne pliaient pas sous lui et ne reconnaissaient pas sa suprématie.

Né sans bien, comme presque tous les hommes de génie, pour lesquels la fortune semble avoir établi une sorte de compensation ; Piron, après avoir souffert quelque temps, reçut des encouragements flatteurs, des pensions faites par de riches bienfaiteurs qui voulurent même garder l'anonyme, en mettant celui qui était VRAIMENT POETE au-dessus des nécessités de la vie, et en lui facilitant par là, et par là seulement, l'essor de toutes les facultés que le ciel lui avait données.

Sans MM. de Livry et de Lassey, et sans MM. les marquis de Marigny et de Saint-Florentin, ses bienfaiteurs, nous n'aurions peut-être pas eu *la Métromanie*.

Ce sont ces hommes étonnants qui ont donné à notre ingrate nation *un poëte de plus*. Honneur et honneur éternel soit donc à ces hommes bienfaisants ; car, comme le dit avec raison un poëte moderne :

> Oui, Mécène aujourd'hui, plus que le nom d'Auguste,
> Est chanté parmi nous.

Piron, principalement par son ode à Priape, s'est attiré la réputation d'un auteur licencieux, et il est plus connu sous ce point de vue par la foule des personnes peu instruites, que par *la Métromanie*, qui est cependant son chef-d'œuvre et peut-être celui de la scène française ;mais on ne doit attribuer qu'au mauvais goût, bien plus répandu que le bon, et à la brigue, une semblable opinion.

Quant à sa palinodie, c'est-à-dire à la réparation *sincère*, comme le dit M. de Juvigny, qu'il fit de ses fautes, je ne peux y croire.

Il m'en coûterait trop pour penser que Piron, qui est connu pour avoir eu le plus d'esprit de France, où il y en a beaucoup, en eût manqué, ou par faiblesse, ou pour des intérêts que l'on ne peut regarder que comme très-minimes ; lui qui a fait cette réponse, belle parce qu'elle est vraie, qu'elle maintient la dignité de l'homme, et par où je crois devoir terminer.

« Passez, passez, monsieur ; ce n'est qu'un poëte » ; disait à un grand seigneur un ministre de Louis XV : « Puisque les rangs sont connus, dit Piron en mettant son chapeau, je prends celui qui m'appartient.» Et il passa fièrement le prémier ; ce qui déconcerta entièrement le ministre et le grand seigneur, qui n'avait pas d'autre recommandation que ses titres.

Le ministre et le grand seigneur sont morts maintenant ; on a oublié jusqu'à leurs noms : Alexis Piron vit toujours.

VIE ANECDOTIQUE

DE BERNARD PIRON.

Piron (Bernard) naquit à Dijon, le 16 septembre 1718, de Jean Piron, apothicaire en la même ville, fils d'Aimé Piron. Il est mort aussi à Dijon, le 9 mai 1812.

Il fut reçu avocat au Parlement, et était membre de l'Académie des sciences de cette ville.

Bernard Piron était d'une taille au-dessus de la moyenne, fort bien fait et très-bien constitué, comme sa longévité en a été la preuve. Il avait le front grand, le nez aquilin, la bouche ma-ligne, le visage ovale et le teint assez blanc.

Il marchait lentement, se tenait très-droit et avait toujours à la main une canne de jonc à pomme d'ivoire.

Il possédait bien, en un mot, la physionomie des Piron, quoique ses traits fussent plus courts que ceux d'Alexis ; on voyait seulement un peu trop percer chez lui la personnalité que l'on peut reprendre dans ses ouvrages, plus même que dans ceux d'Alexis.

C'était un homme de beaucoup d'esprit, il avait aussi celui d'à-propos, comme on le verra plus tard ; mais il lui était moins propre qu'à son oncle, dont il n'avait d'ailleurs pas le génie.

Il avait vendu tous ses biens à fonds perdu, à Mᵐᵉ Maufoux, sa sœur, et vivait du revenu qu'il en tirait. On ne lui a pas connu d'autre fortune personnelle.

Né paresseux, il eut cela de commun avec son oncle, que ses parents le pressèrent beaucoup pour prendre un état; mais sans aucun succès, car jamais il ne fit usage de celui d'avocat, dont il n'eut que le titre, ainsi qu'il le dit lui-même dans une de ses épitaphes.

Sa famille chercha à le placer d'abord dans les gabelles, il ne voulut pas y consentir et fit à ce sujet, sur l'air du *Menuet d'Exaudet*, la chanson que voici, et qui peint parfaitement sa manière de vivre.

Par saint Jean,
Dumèjean
Me ballotte;
Qui, moi, donner dans le bleu!
Voudrais-je être, morbleu,
Un pilier de Maltôte?
Ai-je donc
La façon
De Sisyphe?
Qu'il m'examine en tout point,
D'un fripon je n'ai point
La griffe.
Du métier de ne rien faire,
Je fais mon unique affaire;
Mon désir
Au plaisir

Sacrifie;
Les soins qu'on veut se donner
Ne font qu'empoisonner
La vie.
Point d'emploi;
Parlez-moi
De bien boire :
Le Dieu du vin et l'Amour,
Sur mes sens tour à tour
Remportent la victoire.
Joli bec,
Et vin grec,
Sont mon centre :
Ma maîtresse et la liqueur
M'ont toujours mis le cœur
Au ventre.

Le fameux Mandrin étant allé à Beaune, où il leva une contribution de vingt mille francs, Piron fit sur cet événement la chanson suivante; elle est aussi sur l'air du *Menuet d'Exaudet*.

Quand Mandrin,
Un matin,
Vint à Beaune :
Vous eussiez vu des Beaunois
L'oreille cette fois
S'allonger plus d'une aune.
Par le Styx,
Saint-Félix
Dit sans cesse :
Que dans ses besoins pressants
Il a vingt mille francs
En caisse.
Cependant Mandrin le somme
De lui compter cette somme :
Aussitôt
Le grand sot

Fit la quête :
La ville se cotisa,
La somme se trouva
Tôt prête.
C'est bien fait,
Le beau trait
De prudence :
Contre le meunier enfin,
De l'âne un peu mutin
Qu'eût servi la défense?
Par argent,
S'en tirant
A merveille,
Beaune sortit d'embarras;
On ne lui tira pas
L'oreille.

Dans les poésies de Bernard Piron qui sont venues à notre connaissance, nous avons distingué celles qui suivent.

Le docteur **** avait fait un mémoire pour empêcher les enterrements dans l'enceinte des villes, et il l'avait lu dans une des séances de l'Académie de Dijon.

Cette mesure extrêmement sage et constamment suivie depuis, s'attira cependant de Piron l'épigramme suivante :

> Le gros ****, par qui tant de monde trépasse,
> Veut qu'on nous enterre dehors ;.....
> Il a parbleu raison ; pour contenir ses morts,
> Dijon n'a pas assez d'espace.

En 1772, la naissance du malheureux duc d'Enghien, qui fut fusillé à Vincennes par ordre de Napoléon, donna lieu aux autorités du temps de faire faire des réjouissances, et même d'élever un temple à la Félicité ! Ce temple fut construit sur la place d'armes de Dijon, alors appelée *place Royale*.

Piron fit à ce sujet les vers suivants :

> Mes chers concitoyens à la Félicité
> Ont d'un temple, à leurs frais, consacré la figure :
> Ils ont eu bien raison ; car cette déité
> Chez les pauvres humains n'habite qu'en peinture.

Le procureur ****** était borgne et procureur des États de Bourgogne ; Piron fit sur lui cette épigramme :

> Ce procureur fameux, dont le public fait cas,
> ****** qui n'a qu'un œil dirige les États.
> Du choix qu'ils en ont fait que devons-nous induire,
> Malgré ce sensible défaut ?
> Qu'à des aveugles il ne faut
> Qu'un borgne pour les conduire.

Il a fait plusieurs autres pièces de vers contre diverses personnes, et notamment contre M. *** et ***, que nous ne voulons point rapporter ici. Nous nous contenterons de citer deux épigrammes qu'il fit, l'une contre l'huissier ***, qui avait la vue très-basse, à l'occasion de son procès avec l'avocat L*** ; et l'autre contre M. ***, à raison du traité qu'il fit paraître sur la mouture économique.

Voici la première :

> L'huissier ****, victorieux,
> Triomphe de son adversaire ;
> Que pensez-vous, amis, du gain de son affaire ?
> Que les juges, sans doute, avaient alors ses yeux.

Et voici la seconde :

> Par son traité sur la mouture
> **** rend service à tout le genre humain ;
> Ce bienfaiteur de la nature
> Mérite une place au moulin.

Bernard Piron avait eu une jeunesse très-orageuse, et il avait fait beaucoup de pièces qui n'étaient pas fort orthodoxes.

M. le comte *** avait hérité de la riche bibliothèque du président Bouhier : il la vendit en 1781, à l'abbaye de Clairvaux, 135 mille francs ; elle était estimée 300,000.

Piron, indigné, fit sur cette vente l'épigramme suivante :

> Adieu, riche bibliothèque,
> Dépôt du génie et de l'art ;
> Du grand prophète de la Mecque
> Va trouver les fils chez Bernard.
> Sur tes ballots je veux qu'on lise,
> N'en déplaise au fripier **** :
> Trésor livré par la sottise
> A l'ignorance de Clairvaux.

Piron a encore fait les vers suivants, qui furent écrits sur la base d'un obélisque placé sur un roc hérissé de canons, lors du repas donné le 6 prairial an II (25 mars 1794), par MM. les commissaires de la section de Crébillon, nommés pour la fabrication du salpêtre.

> Tremblez, vils ennemis des fiers républicains !
> Des foudres éclatants vont partir de leurs mains ;
> J'entends déjà sur vous gronder mille tempêtes ;
> Un nouveau mont Etna les vomit sur vos têtes.

Bernard Piron adressa des strophes à Napoléon, le 18 septembre 1806, à l'âge de quatre-vingt-huit ans ; quoique l'on puisse y désirer plus de feu et de vigueur, à l'exception de la dernière, elles valent bien certains vers que l'on vante beaucoup de nos jours (quoique ce ne soit en vérité que de la prose rimée), parce que leurs auteurs sont vivants et ont la vogue ; au moins ils offrent un sens et l'on peut les comprendre.

Nous ne citerons que les deux dernières :

> Celui qui des Alpes forcées
> Dompta les remparts menaçants,
> Qui de leurs masses renversées
> Franchit les débris impuissants,
> Cet Africain, ce phénomène
> Qui, sur les bords du Trasimène,
> Répandit le carnage affreux ;
> Ce chef, en ruses si fertile,
> Le destructeur de Paul Emile,
> Annibal, fut moins valeureux.
> Oui, c'est au cygne de Mantoue
> Qu'il sied de chanter ce héros,
> Dans des vers que Phébus avoue,
> Dignes de peindre ses travaux !
> C'est lui qui, d'une main savante,
> Peut tracer l'histoire brillante
> De ces faits jamais démentis :
> Ah ! sans la trompette d'Homère,
> Qui jamais eût su la colère
> Du généreux fils de Thétis ?

En l'année 1808, il était, avec un de ses amis, occupé à examiner la rentrée de la Cour impériale à cette époque, et comme il demeurait appuyé sur sa canne, son ami lui demanda ce qu'il faisait là, puisque tous les juges étaient entrés. « Mais, dit-il, j'attends la Justice. Il fit ensuite sur ce sujet ces quatre vers :

> Dans ce jour, où Thémis devrait tenir sa cour ,
> Conseillers, avocats, puis toute la milice
> Des huissiers, avoués, se suivent tour à tour ;
> Et tout rentre au palais, excepté la Justice.

Voici l'épitaphe qu'il fit pour son oncle Alexis Piron ; quoiqu'elle soit poétique et puisse être vraie à certains égards, elle se sent beaucoup trop du dépit qu'il eut de voir que l'auteur de la *Métromanie* ne lui avait laissé ni écrits ni écus.

> Ci-gît le célèbre Piron,
> Des poëtes la rocambole,
> Qui légua, nous faisant faux-bond ,
> A Juvigny ses torcheous,
> A sa p***** tous ses écus,
> A son neveu pas une obole.

Il faut cependant savoir que le mécontentement qu'Alexis eut de sa conduite lors de son séjour à Paris, où il avait été obligé de se cacher pendant les poursuites qui furent faites à l'occasion d'une impiété fort grave commise par lui, avait beaucoup influé sur ses dispositions.

Peut-être l'avait-il déterminé, autant que toutes les complaisances de celle que M. de Juvigny a appelée, à tort, sa nièce, puisqu'elle ne l'était pas ni ne pouvait l'être, et qui a porté depuis le nom de Caperon.

Il avait quatre-vingt-douze ans quand il composa le distique suivant :

> Malin dans mes écrits comme dans mes propos,
> Il me reste une dent, et je la garde aux sots.

Bernard Piron avait aussi fait deux épitaphes pour lui-même; voici la meilleure :

> Ci-gît un libertin folâtre,
> Qui du plaisir fut idolâtre,
> Piron, le chef des étourdis,
> Et qui ne songea guère à gagner paradis.
> Pour le repos du bon apôtre,
> Passant, tu peux toujours dire un *de profundis* ;
> S'il ne lui sert à rien, ce sera pour un autre.

Il avait épousé Christine-Mathieu Fouchère, peintre en miniature, qui acquit une certaine réputation par les portraits qu'elle fit pendant la révolution de 89, et que l'on appela en cheveux, parce qu'elle y faisait entrer les cheveux de ceux qui avaient été condamnés par les tribunaux de ce temps.

Piron était âgé de quatre-vingt-neuf ou quatre-vingt-dix ans, quand elle obtint de lui de brûler toutes ses poésies, parmi lesquelles elle en trouva qui n'étaient point conformes à la dévotion excessive dont elle faisait profession.

Il n'en eut point d'enfant.

On a parlé d'une traduction en vers de la *Jérusalem délivrée*, qu'il avait faite et confiée à un M. Prodon, neveu de M. l'abbé Liébault, maître de pension à Dijon, et parti pour l'île de Cayenne. Devons-nous beaucoup la regretter? Si nous en jugeons par la traduction qui a été faite de cet ouvrage sublime, pour lequel le véritable goût ne permet plus d'avoir les yeux injustes de Boileau, notre douleur doit être bien allégée.

Il a aussi fait des héroïdes; dans sa vieillesse, et probablement à l'instigation de son épouse, il traduisit en vers français les *Psaumes de David*.

Rien de tout cela n'a été imprimé.

FIN.